Was jeder Mann gegen Gewalt und für eine friedliche Welt tun kann

Das Buch zur Initiative MEN4PEACE

MEN4PEACE.org

Published 2010 by LULU.com
ISBN Nr. 978-1-4452-8375-3

LIEBER LESER

„Was kann man gegen Gewalt tun?" wird immer wieder gefragt – vor allem dann, wenn in den Nachrichten von einer aktuellen Gewalttat – im schlimmsten Fall von einem Amoklauf, einem „Familiendrama" oder einem neuer Krieg – berichtet wird.

Dieses Buch geht der Frage nach, ob nicht gerade wir Männer einen Beitrag zu einer friedlicheren, gewaltfreien Gesellschaft leisten müssen.

Denn obwohl die meisten Männer absolut friedlich leben, dürfte es Zusammenhänge zwischen Männlichkeitsidealen und der Bereitschaft, Konflikte mit Gewalt zu lösen geben: Denn die Kriminalstatistiken und die Geschichte der Kriege beweist ja, dass körperliche Gewalt und militärische Auseinandersetzungen zum überwiegenden Teil von Männern ausgehen.

Als Mitbegründer und langjähriger Mitarbeiter von White Ribbon Österreich, einer Männerinitiative gegen Gewalt an Frauen (www.whiteribbon.at) dachte ich bereits länger darüber nach, ob es denn ausreicht nur *gegen* etwas zu sein, oder ob man nicht auch ein positives Ziel formulieren muss – also *für* etwas sein muss - um eine erstrebenswerte Perspektive aufzuzeigen.

Ein solches Ziel kann in meinen Augen nur das Engagement für eine friedliche männliche Lebensphilosophie sein. Einige konkrete Schritte, die der einzelne Mann setzen kann, habe ich versucht, in diesem Buch aufzuzeigen. Vermutlich gibt es noch einige mehr.

Ihre eigenen Gedanken und Vorschläge zur Erreichung der Vision einer friedlichen und gewaltfreien Welt können Sie auf www.men4peace.org als Kommentar posten.

Wichtig erscheint mir, dass wir Männer nicht mit dem Gefühl an diese Sache herangehen uns würde pauschal der Gewalt-Vorwurf gemacht – im Sinne von „ihr brutalen Männer". Nein, wie bereits vorher gesagt leben die meisten Männer – besonders hier in Europa – eine friedliche Männlichkeit (was übrigens auch zum Wohlstand auf unserem Kontinent beigetragen hat)!

Wir friedlichen Männer sollten uns also mit dem Gedanken ans Werk machen, dass wir jenes Wissen über die Kultur der friedlichen Konfliktlösung, das wir in uns tragen, verstärkt in anderen Männergemeinschaften verankern können – und an Jungs und junge Männer weitergeben, in der Hoffnung, dass diese nächste Männergeneration die Vision der friedlichen Welt weiterverfolgen.

Dazu wünsche ich uns allen viel Mut, Freude und einen kritischen Blick – sowohl auf uns selbst als auch auf die sozialen und politischen Tendenzen um uns herum. Ich kann Ihnen versichern: das selbstkritische Befassen mit den eigenen Männlichkeitsidealen ist auch psychologisch hochinteressant!

Wien, im Februar 2010 ***Peter Jedlicka***
Initiator MEN4PEACE

ERFORSCHEN SIE IHRE EIGENEN MÄNNLICHKEITSIDEALE!

Wann ist ein Mann ein Mann? Diese Frage ist uns im Laufe unserer Sozialisation durch verschiedene Personen und Medien beantwortet worden – bis wir ein Mosaik daraus gebildet haben: Unsere Männlichkeitsideale.

Sehr häufig sind das heute noch immer: Stärke, Mut, Erfolg, Macht – aber nicht nur.

Gewalt ist vor allem bei jenen Männern eine Option in Konfliktsituationen, bei denen das Ideal der Stärke und Macht ganz stark – und unhinterfragt – persönlich verankert ist:

Denn ein Mann, der den Satz „Ich muss auf jeden Fall stark sein" in sich trägt, wird sich im Streit vermutlich nicht mit der Position des Verlierers zufrieden geben, sondern kämpfen.

Erforschen Sie daher Ihre eigene Biographie: Welche Werte sind Ihnen als Mann mitgegeben worden – und von wem? Relevant dabei sind ja nicht nur die Worte und das Verhalten unserer Eltern, Geschwister, Freunde, Lehrer(innen) und anderer Personen – wir hatten ja auch Vorbilder aus den Medien: Serienhelden, Filmstars, männliche Figuren aus Büchern und Comics („Reich sein wie Dagobert ..").

Wenn Sie bisher noch nie in einer Gewaltsituation waren: Finden Sie heraus, welche Vorbilder oder Meinungen zu ihrer friedlichen Männlichkeit beigetragen haben!

Wenn Sie bereits einmal in einen Konflikt mit körperlicher Gewalt involviert haben: Hatte dieser zu tun mit einem Männlichkeitsideal der Stärke – „jetzt darfst du nicht klein beigeben!" ?

Vermutlich können Gespräche mit Menschen, die Sie bereits sehr lange kennen, Ihnen dabei helfen – und Sie könnten diese Frage zum Anlass nehmen, etwa alte Schulfreunde zu kontaktieren.

Schmerzhaft kann es sein zu erkennen, dass man als Kind / Jugendlicher mangels Kontakt mit erwachsenen Männern (zum Beispiel, weil man bei der alleinerziehenden Mutter aufwuchs) tatsächlich Männlichkeitsideale aus Kinofilmen und Büchern übernommen hat.

Wenn Sie – auch bei anderen Kapiteln dieses Buches – in eine solche Situation des Schmerzes kommen, suchen Sie Unterstützung bei einer Beratungsstelle (die meist im Internet oder Telefonbuch unter „Partner-, Familien- und Lebensberatungsstelle" zu finden sind. Vielleicht gibt es sogar eine Männerberatungsstelle in Ihrer Gegend).

HINTERFRAGEN SIE DAS IDEAL DER MÄNNLICHEN STÄRKE!

Ich habe vorher erwähnt, dass Stärke noch immer ein Männlichkeitsideal ist (das zu einer Gewaltbereitschaft führen kann).

Aber sind wir uns ehrlich: Müssen Männer im heutigen Lebensalltag – und da spreche ich von dem Alltag in einer mitteleuropäischen Großstadt – noch stark sein?

Steigen nicht die meisten von uns morgens in einen Bus oder in ein Auto, das keinerlei Körperkraft von uns verlangt? Verrichten wir in einer boomenden Dienstleistungsgesellschaft nicht vor allem Tätigkeiten an Schreibtischen und vor Computerbildschirmen, für die wir körperliche Stärke nicht benötigen? Und: leben wir in einer gefährlichen Umgebung, in der wir uns ab und zu vor wilden Tieren oder Wegelagerern verteidigen und dafür stark sein müssen?

Ich glaube nicht.

Natürlich ist es aus gesundheitlichen und sportlichen Gründen positiv, wenn man seine Muskeln trainiert – und es ist angenehm, diese Kraft zu haben, wenn eine Übersiedlung ansteht oder ein Auto zu schieben ist. Aber es ist sicher kein „muss" mehr für einen Mann, stark zu sein.

Und kennen Sie Frauen, die wirklich gerne schwach sind?

Wer das Männlichkeitsideal der Stärke als Klischee entlarvt, kann sich mit der Einstellung: „Da ich in einem Konflikt nicht immer der Gewinner sein muss, fange ich einmal zu Reden an!“ anfreunden.

ENTWICKELN SIE EINE PERSÖNLICHE DEFINITION FÜR DIE WORTE ERFOLG UND KARRIERE!

So mancher Konflikt zwischen Männern entzündet sich am Thema „erfolgreich(er) sein". Und so mancher Raub / Diebstahl (auch das fast ausschließlich ein Männerdelikt) ist aus dem Motiv entstanden „Endlich auch einmal so viel Geld haben zu wollen" (wie ...??). Viele Männer haben offensichtlich unhinterfragt einen Karrierebegriff übernommen, der da lautet:

„Auf jeden Fall mehr Geld verdienen" – oder „Richtig reich sein, um aussteigen zu können." – oder „ein Stück weiter hinauf auf der Karriereleiter".

Durchwegs positiv finde ich den dritten Wunsch, beruflich in eine höhere Position zu kommen, wenn man über fachliches Wissen verfügt, das man in einer leitenden Position besser verwerten kann.

Bedenklicher finde ich dagegen diffuse Karrierewünsche nach „mehr Geld" oder „richtigen Reichtum", die aus einem inneren Gefühl des „nicht gut genug seins" entspringen: So mancher Junge (aber natürlich auch Mädchen), die in ihrer Jugend Vernachlässigung erfahren haben, entwickeln unhinterfragt solche Perspektiven, mit denen sie sich „endlich Anerkennung" erhoffen.

Jeder Mann tut also gut daran, einen eigenen, individuellen Karrierebegriff / Erfolgsbegriff zu definieren, den er – unabhängig von dem „was die anderen sagen“ verfolgt.

So entgeht er der Gefahr, in einer Streitsituation, in der zum Beispiel das Wort „Loser“ (Verlierer) fallen könnte, wütend zu werden.

Ebenso entgeht er der Gefahr, aufgrund einer finanziellen Notlage, die durch unhinterfragte Investitionen („Auf jeden Fall ein eigenes Haus“ – „Auf jeden Fall ein neues Auto“) entstanden ist, in eine ausweglos scheinende Notsituation zu gelangen, aus der heraus eine gewalttätige Kurzschlusshandlung passiert.

Für mich hat Erfolg viel mit der Verwertung meiner Fähigkeiten zu tun – aber auch mit einem sozial und ökologisch verantwortlichen Lebensstil – dies nur als Gedankenanstoß.

BESINNEN SIE SICH AUF IHRE TATSÄCHLICHEN SEXUELLEN WÜNSCHE!

Vor allem Gewalttaten gegen Frauen – aber auch Konflikte zwischen Männern – haben oft einen sexuellen Hintergrund. Sexuelle Wünsche und Sehnsüchte tragen wir oft unbewusst mit uns herum – und sie können in einer Situation, in der wir plötzlich mit ihnen konfrontiert werden zu starken Gefühlsausbrüchen führen, die schwer kontrollierbar sind.

Ich glaube, dass es auch in der Männersexualität Klischees gibt: Männlichkeitsideale, die durch nichts belegbar sind.

„Ich muss als Mann einfach regelmäßig Sex haben" ist eines davon, das auch durch sexualisierte Medien kräftig angefeuert wird. Vor allem im Fernsehen sehen wir fast nur mehr attraktive Menschen, die Spaß am Leben – und Spaß am Sex haben (auch wenn die sexuellen Handlungen nicht filmisch umgesetzt werden: das Thema kommt einfach in den Dialogen vor).

Wenn Sie als Mann mit Pornographie konfrontiert sind / waren, kann das ein weiterer Baustein zu Ihrer sexuellen Unzufriedenheit sein – doch dazu später noch ein Kapitel.

Besinnen Sie sich auf ihre tatsächlichen sexuellen Wünsche! lautet daher mein Appell an jene Männer, die sich für eine friedliche männliche Lebensphilosophie einsetzen wollen:

Wie oft sind Sie tatsächlich sexuell erregt? Und wie viel von Ihren sexuellen Phantasien haben Sie aus Filmen oder Magazinen übernommen? Ist Ihnen bewusst, dass über viele Jahrhunderte hinweg ein großer Teil der Menschheit keinen Sex haben konnte, weil eine Eheschließung oder eine Familiengründung nicht möglich war?

Diese Fragen sind natürlich je nachdem unterschiedlich zu beantworten, ob man in einer fixen Partnerschaft lebt oder Single ist. Und auch hier können Gespräche sehr hilfreich sein: mit guten Freunden, mit Frauen – vor allem der eigenen Partnerin – oder in einer Männergruppe, von der ich gleich mehr schreiben will:

FINDEN SIE EINE „EHRLICHE“ MÄNNER-RUNDE – ODER GRÜNDEN SIE EINE!

Wenn es in diesem Buch also um das Diskutieren von Männlichkeitsidealen und das „Entlarven“ von Männlichkeitsklischees geht, wären offene Gespräche mit anderen Männern ein zusätzlicher Weg, Klarheit zu bekommen.

Manche Leser, die bereits in der Psycho- oder Alternativszene unterwegs waren oder sind, würden hier vermutlich den Begriff „Männergruppe“ verwenden – was so viel wie „Männerselbsterfahrungsgruppe“ bedeutet. Leider wurde dieser Begriff in der Vergangenheit auch ab und zu ins Lächerliche gezogen, weshalb ich hier einfach von „Männerrunde“ sprechen möchte:

Eine solche Männerrunde, in der vereinbart wird, dass die Teilnehmer keinen Small-Talk führen, sondern versuchen, offen über ihre Lebenssituation als Mann zu sprechen, ist meiner Erfahrung nach eine wunderbare Sache – ich war bereits in mehreren Männergruppen – und bin auch aktuell in einer.

Wie findet man eine solche Männerrunde? Nun, suchen Sie zunächst im Internet nach „Männergruppe“ (ja, dann doch ...), und, wenn Sie bereit sind, für einen Gruppenleiter auch ein wenig zu bezahlen (was hilfreich sein kann) nach „Männergesprächsgruppe“ oder

„Männerselbsterfahrungsgruppe". Oft werden solche Gruppen auch in Volkshochschulen und anderen Erwachsenenbildungseinrichtungen angeboten.

Wenn Sie damit nicht fündig werden, versuchen Sie doch selbst, eine solche Runde ins Leben zu rufen.

Üblicherweise funktioniert das mit einem Inserat in einer eher alternativ ausgerichteten Zeitung oder auf Internet-Inserateseiten die die Rubrik „Freizeitpartner" haben.

Ihr Text könnte lauten „Würde gerne im Raum ... (ihre Stadt) ... eine Männerrunde gründen, in der wir offen und auch selbstkritisch über unser Mannsein und die täglichen Herausforderungen reden".

Wenn sich dann tatsächlich ein paar Männer gemeldet haben, ist es erfahrungsgemäß wichtig, die Abende so zu strukturieren, dass jeder, der möchte, auch genügend Zeit für seine Themen bekommt (denn es gibt ja bekanntlich Vielredner und sehr zurückhaltende Männer). Die Übliche Vorgangsweise ist es, dass

- einer in der Runde „Timekeeper" (mit einer Uhr) ist – und zwar bei jedem Treff wieder jemand anderer
- es eine „Blitzlicht Runde" gibt, in der jeder in maximal zwei Minuten erzählt, wie es ihm geht und ob er ein Thema besprechen will
- sodann die verfügbare Zeit (optimal: zwei Stunden) unter den Männern aufgeteilt wird, die gerne über etwas sprechen würden.

- eine Gesprächskultur des aufmerksamen Zuhörens und Nicht-Unterbrechens sollte selbstverständlich sein – muss aber eventuell auch erst vereinbart werden.

Eine ruhige Gesprächssituation entsteht meist nur in einer Privatwohnung – Lokale haben sich immer wieder als zu laut und hektisch erwiesen – und auch der Alkoholkonsum ist in so einer Gruppe kontraproduktiv. Aber für erste Treffen ist ein (möglichst ruhiges) Lokal üblich und vorerst geeignet.

PFLEGEN SIE MÄNNERFREUNDSCHAFTEN!

Männerfreundschaften, die von einem Vertrauen geprägt sind das auch das Zugeben von Ängsten erlaubt, sind ein wichtiger Baustein für eine friedliche Männlichkeit.

Jeder Mann kann in eine Situation der Verzweiflung kommen (zum Beispiel nach Scheidung, Jobverlust, Verschuldung, ..) in der er dringend jemanden zum Reden braucht, um nicht „verrückt zu werden" und eine „Dummheit" zu begehen (die gewalttätig sein könnte).

Männer, die keine Freunde haben (das könnte natürlich auch eine weibliche Freundin sein – mit der man jedoch nicht so leicht über männerspezifische sexuelle Themen sprechen kann) sind also gefährdeter, „Verzweiflungstaten" zu begehen.

Deshalb möchte ich Sie ermutigen, ein paar Männerfreundschaften zu pflegen – oder zumindest eine.

Manchmal geht es einfach darum, alte Freunde aus dem eigenen Telefonbüchlein herauszusuchen und anzurufen, um ihnen einen gemeinsamen Drink vorzuschlagen. Das funktioniert nicht immer, denn auch alte Freunde verändern sich ja im Laufe der Zeit – und manchmal findet man wenige Gemeinsamkeiten mehr.

Aber auch der Kollege, mit dem man im Büro ab und zu nett plaudert, kann in diesem Sinne gefragt werden. Wenn Sie (und er) in einer Beziehung leben, kann daraus auch ein Abendessen zu viert werden – und sie treffen sich in weiterer Folge auch ab und zu zweit.

Meiner Erfahrung nach ist das Thema Männerfreundschaften absolut nicht leicht – und von vielen Rückschlägen gekennzeichnet. Vor allem verheiratete Männer (bzw. in einer fixen Beziehung lebende) sind oft nicht von ihren Frauen / Familien loszueisen (obwohl ich z.B. aktive Vaterschaft sehr wichtig finde!) – andere nicht von ihrem „stressigen Beruf" oder ihren sportlichen Hobbys.

Aber probieren Sie es mit einiger Konsequenz bei unterschiedlichen Männern immer wieder. Auch ein Anruf „ich wollte nur nachfragen, wie es dir geht" signalisiert dem anderen Mann, dass er Ihnen wichtig ist.

Und natürlich geht es um gemeinsame Interessen: denn nur die machen ja ein Gespräch auf Dauer interessant. Sie könnten also auch in Ihrem Berufs-Netzwerk oder bei Vorträgen, Seminaren zu Ihren Lieblingsthemen neue Freunde finden.

Ich habe Phasen in meinem Leben gehabt, in denen ich keinen Mann so richtig regelmäßig traf. Schön war dann jedoch, dass ich in einer Krisensituation (eine Trennung) doch nach meinem Anruf mit den Worten „Ich bräuchte jetzt jemanden zum reden" zwei Männer sofort bereit waren, sich mit mir zu treffen. Das waren eben zwei Männer, in denen zwar ein loser (Emails, Telefonate) aber offensichtlich doch stabiler Kontakt bestand.

Versuchen Sie es also – es lohnt sich!

KLÄREN SIE IHRE BEZIEHUNG ZU IHREN ELTERN!

So mancher Mann trägt einen diffusen Groll mit sich herum, den er niemandem erklären kann – und der sich an der falschen Stelle entladen könnte. Wenn ein solcher Mann gleichzeitig einer ist, der sich weigert, seinen Vater oder seine Mutter zu besuchen – dann ist das meist ein Hinweis auf einen Konflikt in der Kindheit oder Jugend.

Nun können solche Männer ihren Konflikt gar nicht selten sogar ganz deutlich formulieren: „Mein Vater hat mich geschlagen." oder „Meine Mutter hat mich nie beachtet". Das heißt jedoch nicht, dass das Thema für diesen Mann abgeschlossen ist.

Ich kann nur jedem Mann, der negative Gefühle seinen Eltern gegenüber empfindet, eine psychologische Beratung oder Psychotherapie empfehlen: Um alten Groll aufzulösen, um zu verzeihen – vielleicht indem man Zusammenhänge besser erkennt – um Erlebnisse richtig zuzuordnen.

Natürlich ist Psychotherapie teuer – aber es gibt auch kostenlose Beratung in diversen staatlich geförderten Beratungsstellen.

Und wenn ihre Besuche bei Ihren Eltern bisher vielleicht von einer gewissen Sprachlosigkeit oder Interesselosigkeit geprägt waren: Wagen Sie es doch einmal, Ihre Eltern nach

Ihrer Vergangenheit zu fragen: „Wie war das damals eigentlich für Euch ...“ ist ein guter Beginn.

So manche Erzählung des Vaters und der Mutter lässt „Fehler“, die man ihnen als Kind vorwirft, in ganz neuem Licht erscheinen – weil Hintergründe klar werden.

Was ich persönlich nicht unbedingt dazu empfehle sind Familienaufstellungen, die immer populärer werden: Hier werden oft Wunden aufgerissen, die nachher nicht psychologisch professionell „verarztet werden“: Langjährige Familienkonflikte können eben nicht in zwei Stunden oder zwei Tagen aufgearbeitet werden.

Meiner Meinung nach sind solche Aufstellungen vor allem deshalb so beliebt, weil sie meist starke Gefühle auslösen (meist weint ja jemand) – und von allen Teilnehmenden als „heilend“ empfunden wird.

Aber der Ausbruch von Gefühlen heißt noch nicht, dass man sie richtig zuordnen kann. Ich persönlich empfehle Familienaufstellungen also nicht – oder zumindest nicht, wenn Sie ein Mensch sind, der sonst keinerlei Erfahrung mit Therapie und Selbsterfahrungsgruppen haben.

REFLEKTIEREN SIE IHRE BISHERIGEN ERFAHRUNGEN MIT FRAUEN!

Gewalt gegen Frauen ist oft in einem diffusen Frauenhass begründet. Und Frauenhass taucht oft recht versteckt auch andernorts auf: In der Pornographie zum Beispiel, oder beim Thema Gleichberechtigung, wo manche Männer leidenschaftlich über „Emanzen" schimpfen können.

Manchmal geht es auch um ein verzerrtes Weiblichkeitsideal: „Das hätte sie als Frau nicht tun dürfen" ist oft eine Aussage, die auf Traditionen (oft mit einem religiösen Hintergrund) beruht, die niemand auf ihre Sinnhaftigkeit hinterfragen darf.

Wenn Sie in verschiedenen Situationen negative Gefühle gegenüber Frauen empfinden, lohnt es sich, näher hinzusehen.

Es gibt eine Reihe von negativen Erfahrungen, die Männer mit Frauen machen können – aber intelligente Männer tun gut daran, ihre Wahrnehmung der Realität nicht durch diese Erfahrungen verzerren zu lassen:

- natürlich gibt es die „gluckenhafte Mutter", die einen nicht losgelassen hat und sich vielleicht Zärtlichkeit geholt hat, die sie von ihrem Mann vielleicht nicht bekam
- natürlich gibt es die hübsche Mitschülerin, die einen enttäuscht hat indem sie einen zuerst geküsst hat – und gleich am nächsten Tag mit einem anderen „ging".

- natürlich gibt es die enttäuschte Liebesbeziehung, die mit einer Trennung „ihrerseits“ geendet hat – vielleicht sogar mit einem Seitensprung
- natürlich gibt es Scheidungen, in denen dem Mann fast leer ausgeht und seine Kinder nur mehr ganz selten sehen kann,
- und vieles mehr ...

Solche negativen Erlebnisse prägen die Sicht so manches Mannes auf „die Frauen“ negativ. Und das ist sogar oft verständlich.

Schlecht wäre es, wenn ein solcher Mann nicht reflektiert, aufgrund welcher Erfahrungen er einen diffusen (oder offenen) Frauenhass hat – und Frauen, die neu in sein Leben treten wenig Chancen auf Revidierung seines Bildes gibt.

Und furchtbar wäre es, wenn unter dem Motto „Jetzt zahle ich es dir endlich heim ..“ Gewalt gegen Frauen entstehen würde, die durch diese unreflektierte Wut entstanden ist.

BEFASSEN SIE SICH MIT DER THEORIE DER VIELFÄLTIGEN MÄNNLICHKEITEN!

Ich habe in mich in den ersten Kapiteln dieses Buches kritisch über einige Männlichkeitsideale geäußert – und diese als Klischee bezeichnet.

„Was bleibt dann noch von der Männlichkeit ?“ ist dann vielleicht eine Frage, die bei Ihnen aufgetaucht ist. Wenn Stärke und Erfolg angeblich nicht mehr männlich sind, was ist es dann?

Die Antwort darauf gibt die Sozialwissenschaft bereits seit rund dreißig Jahren – seltsamerweise hat sie jedoch nicht (so wie andere psychologische Erkenntnisse) in die Ratgeber-Literatur Einzug gehalten:

Es gibt keine einheitliche Männlichkeit mehr!

Wie sich ein Mann verhält – oder zu verhalten hat – ist in verschiedenen Ländern und Kulturen ziemlich unterschiedlich! Und selbst im gleichen Land gibt es meist eine Reihe unterschiedliche Männlichkeitsentwürfe. Soziologen wie der Australier Robert Connell, der das Standardwert dazu geschrieben hat („Der gemachte Mann“) haben dafür den begriff der *Männlichkeiten* geprägt.

Sie können diese Theorie selbst überprüfen, indem Sie einmal aufmerksam die unterschiedlichen Männer in Ihrer Stadt beobachten: Sehen Sie dort nicht zum Beispiel einen adretten Büroangestellten neben einem Bauarbeiter, einen langhaarigen Studenten neben einem kahlgeschorenen Jugendlichen in Bomberjacke und Springerstiefeln, einen Biker in Lederkluft neben einem Reggae-Fan mit Dreadlocks, einen Sportler im Trainingsanzug neben einem Mann im Rollstuhl, einen modisch gekleideten Dandy neben einem verwahrlosten Bettler – und so weiter?

Und sind diese Männer nicht augenscheinlich so unterschiedlich, dass sie vermutlich auch recht unterschiedliche Lebensphilosophien haben?

Oder anders gefragt: ist deren „Ähnlichkeit als Mann" mit Ihnen selbst so groß, dass Sie bei jedem sagen könnten: „Mit dem könnte ich mich ohne weiteres auf ein Bier setzen – das ist ja auch ein Mann wie ich"?

Ich für mich kann das jedenfalls verneinen. Es gibt Männer, die mir schon vom Äußeren her unangenehm erscheinen – ganz zu schweigen von ihrem Verhalten. Mit manchen Männern will ich absolut nichts zu tun haben – was für mich heißt: ich finde keinerlei Gemeinsamkeiten, obwohl wir beide Männer sind.

Der Satz „Männlichkeitsideale lösen sich zunehmen auf" ist also für mich der richtige.

Das muss einen Mann nicht beunruhigen: denn überall dort wo Verhaltensregeln fallen, entstehen neue Freiheiten!

Ein Mann in Mitteleuropa hat recht viele Möglichkeiten, wie er sein Leben gestalten will – Männer in anderen Kulturen oft nicht (und leiden darunter).

Natürlich ist das teilweise noch eine zu idealistische Sichtweise: die Männlichkeitsideale, die ich bisher erwähnt habe (und für Klischees halte), existieren ja noch immer in vielen Köpfen fort: die Soziologen nennen Sie die „vorherrschende Männlichkeit“ (hegemoniale Männlichkeit).

So mancher Mann wird ängstlich oder wütend, wenn ich andeute, dass es möglicherweise keine Männlichkeitsideale mehr gibt. Bei näherer Betrachtung wird dann manchmal klar, dass es bei so einem Mann um ein erotisches Thema geht, wie ich im Folgenden beschreiben möchte.

TRENNEN SIE DIE EROTISCHEN KOMPONENTEN DER MANN/FRAU DISKUSSIONEN VON DER POLITISCHEN!

„Was bleibt dann von der Männlichkeit, wenn Eigenschaften wie Stärke, Mut, Erfolg keine Männlichkeitsideale mehr sind?" wurde ich schon einmal in einer Diskussionsrunde gefragt.

Meine Gegenfrage lautete: „Was befürchten Sie denn? Sind Sie sich nicht sicher, dass Sie auf jeden Fall ein Mann sind?"

„Aber was wird dann aus der Erotik?" sagte jemand anderer – und traf damit ziemlich genau das „eigentliche Thema" in der „Männlichkeitsdiskussion".

Manche Männer (und manche Frauen) diskutieren deshalb so ausführlich und oft hitzköpfig über die Themen Männlichkeit und Weiblichkeit, weil sie sich selbst nicht für attraktiv für das andere Geschlecht halten. Es geht bei ihnen um körperliche Eigenschaften – nicht um das Verhalten von Männern und Frauen. Da die Sexualität / Erotik ein sehr vielschichtiges Thema ist, sitzt die Vermutung, nicht attraktiv genug („nicht männlich genug") zu sein oft sehr tief verborgen im Unterbewusstsein – und kommt bei einer „politischen" Diskussion (nicht selten auch beim Thema Gleichberechtigung) hervor.

Machen Sie doch folgendes Gedankenexperiment: Fast jeder Mann bewundert eine Schauspielerin oder Sängerin, die für ihn der Inbegriff der Erotik ist (früher war das für sehr viele Männer Marilyn Monroe):

Gibt es in Ihrer Vorstellung tatsächlich etwas, dass diese Schauspielerin / Sängerin tun könnte das bei Ihnen dazu führen könnte dass Sie sie nicht mehr attraktiv und erotisch fänden?

Oder ein Beispiel aus der Sicht der Frauen: Sind die „sexiest men alive" – die attraktivsten Männer, die jährlich gekürt werden, wie Brad Pitt, George Clooney oder Patrick Dempsey – nicht ausschließlich wegen Ihres Äußeren gewählt worden? Könnten sie sich nicht auch ziemlich „weiblich" (wie z.B. George Clooney, der im Film „Oh brother where art thou?" laufend ein Haarnetz trägt) verhalten – und ihre weiblichen Fans würden trotzdem weiter „kreischen" ...?

Und auch in der Mode ist recht oft der Begriff „die neue Weiblichkeit" oder „die neue Männlichkeit" zu hören: beide beschreiben ein neues Styling – aber kein neues Verhalten.

Ab und zu ist unter Frauen auch die „ein wenig Softie – ein wenig Macho" Diskussion zu hören: Wer diese Begriffe jedoch auf die Bedeutung abklopft, die sie für die jeweiligen Frauen haben, merkt sehr bald, dass diese Worte ziemlich diffus verwendet werden:

Wenn ein Softie ein guter Zuhörer ist, so werden sie keine Frau finden, die so einen Mann nicht zu schätzen weiß – und ich möchte Ihnen versichern: mir ist so etwas auch bei einer Frau wichtig.

Und wenn „Macho sein" heißt, ab und zu beim Sex die Initiative zu unternehmen, möchte ich auf die vielen Männerphantasien hinweisen (oft auch in Pornos dargestellt), in denen „endlich einmal die Frau die Initiative ergreift" und einen Mann nach Strich und Faden verführt.

Zusammengefasst also: Ein wirklich selbstsicherer Mann hat keine Angst vor „dem Ende der Männlichkeitsideale": Er weiß auf jeden Fall, dass er ein Mann ist – denn er sieht es täglich, wenn er nackt vor dem Spiegel steht.

ENTWICKELN SIE EINE POSITIVE EINSTELLUNG ZUM THEMA GLEICHBERECHTIGUNG!

Möchten Sie in einer gerechten Gesellschaft leben? Oder macht es Ihnen nichts aus, wenn in dem Land, in dem Sie wohnen große soziale Unterschiede sind: Arm und reich, krank und gesund, gebildet und ungebildet?

Das ist meiner Meinung nach die wichtigste Frage für Männer, die sich mit dem Thema Gleichberechtigung von Männern und Frauen befassen.

Wenn ich über Gleichberechtigung spreche, dann spreche ich vor allem über die „harten Facts“, die sich mit Statistiken belegen lassen: die Einkommensunterschiede und der unterschiedliche Anteil an Machtpositionen zwischen Frauen und Männern.

Beides wird von internationalen Organisationen jährlich erhoben – und ist im Internet zum Beispiel unter „Gender Empowerment Measure“ zu finden.

Trotzdem leugnen viele Männer diese Daten und sprechen lieber davon „dass sich die Emanzen ja nur selbst verwirklichen wollen“.

Für mich gehört es zu einem der betrüblichsten Kapitel in der Gesellschaftspolitik, dass jene politisch aktiven Männer die durchaus andernorts glühende Verfechter der Gerechtigkeit sind (zum Beispiel beim Angleich der Pensionen, bei

Förderungen für Behinderte, bei der Armutsvermeidung), bei den Ungerechtigkeiten zwischen Männern und Frauen im eigenen Land auf einmal blind werden.

Auch das Argument „Das müssen die Frauen wohl selbst erkämpfen“ (... „und wir können passiv bleiben“) kann doch nicht passend sein, wenn Männer sich in fast allen anderen gesellschaftspolitischen Bereichen gerne als die „Helfer für die Schwachen“ zeigen.

Auf Managementebenen scheint sich in letzter Zeit einiges zum Positiven zu wenden, einfach weil für so manche Tätigkeit ein Spezialwissen gefordert ist – und manche Frauen hier bereits oft besser qualifiziert sind als Männer – und sich Firmen nicht erlauben können, wertvolle Ressourcen nicht einzusetzen.

Meine langjährige Beobachtung der Gleichstellungspolitik – und des Lamentierens vieler Männer über „die Emanzen“ – hat mich zu dem Schluss gebracht, dass viele Männer einfach aufgrund negativer Erfahrungen im Privatleben (Trennungen, Scheidungen, Enttäuschungen) eine ablehnende Haltung zur Gleichberechtigung entwickelt haben.

Wenn Sie also das vorherige Kapitel „Reflektieren Sie Ihre bisherigen Erfahrungen mit Frauen“ eher mit einem negativen Resümee abschließen – und selbst der Gleichberechtigung kritisch gegenüber stehen – so könnte dort „der Hund begraben liegen“.

Ich empfehle all diesen Männern das Buch „Die Söhne Egalias“ von Peter Redvoort, der in sehr fokussierten Texten die Vorteile der Gleichberechtigung für die Männer beschrieben hat.

BEFASSEN SIE SICH MIT DEM THEMA HOMOPHOBIE!

Gewalt zwischen Männern – vor allem jungen Männern - eskaliert manchmal dann, wenn das Wort „Schwuchtel" oder „Homo" gefallen ist. So manchem Mann erscheint es also als schlimme Beleidigung.

Gleichzeitig ist die Ablehnung von Homosexualität ein wichtiges Fundament des Militärs: so manche Kriegsmission könnte ja scheitern, wenn sich Männer lieber „lieben" würden als zu kämpfen.

Die Angst vor Homosexualität – auch Homophobie genannt – steckt in vielen Männern. Nicht selten wird deine ablehnende Haltung gegenüber Schwulen aus der Religion übernommen.

Auch ich bin katholisch erzogen worden, habe aber im Laufe meines Lebens einige homosexuelle Männer persönlich kennengelernt – und mich ein wenig mit der Geschichte der Gewalt gegen Homosexuelle befasst – sodass ich auch mit meiner religiös geprägten Biographie erkannt habe, dass Schwule niemandem etwas zu leide tun.

In den meisten mitteleuropäischen Ländern ist das mittlerweile Common Sense. Die Schimpfworte „Schwuchtel" oder „Homo" haben dennoch noch eine erstaunliche Wirkung.

Meiner Ansicht nach wirken sie vor allem bei jenen gewaltbereiten Männern, die unreflektiert nach den Idealen der

Stärke (oder auch Brutalität) leben. In einem Lebensentwurf des „Kämpfers“ ist kein Platz für eine Weichheit, Passivität und Heiterkeit, die Schwule oft ausleben: deshalb hassen viele der „Harten Männer“ das, was sie bei sich selbst nicht zulassen.

Wenn Sie eine Abneigung gegen Homosexuelle haben, denken Sie in Ruhe darüber nach, ob sie damit nicht gewisse Verhaltensweisen ablehnen, die sie selbst gerne hätten, sich aber nicht erlauben.

LERNEN SIE, EINEN HAUSHALT ZU FÜHREN!

Ja, seltsam aber wahr: ich komme hier zum Thema Hausarbeit.

Ich tue dies aus zwei Gründen: Erstens glaube ich, dass „Gemütlichkeit" ein wesentlicher Baustein für eine friedliche Männlichkeit ist.

Wer sich selbst kein gemütliches Zuhause schaffen kann, wird rastlos unterwegs sein, um dem ungemütlichen Heim zu entkommen. Das ist keine gute Basis für innere Ruhe.

Zweitens glaube ich, dass die Unfähigkeit, Hausarbeit zu erledigen ein Faktor ist, der in Zweierbeziehungen zu einer Abhängigkeit von Frauen führen kann: Und Beziehungen, die von Abhängigkeiten geprägt sind, sind konfliktgeladener.

Ein Mann, der „von hinten bis vorne" von seiner Frau versorgt wird: vom Frühstück angefangen bis zum Hinlegen des richtigen Pyjamas, wird bei einer Trennung verzweifelter reagieren als ein „selbständiger" Mann:

„Ich konnte mir ein Leben ohne sie nicht vorstellen" steht sinngemäß in so manchem Abschiedsbrief eines Frauenmörders (oder Selbstmörders) nach einer Trennung – und manchmal liegt die Vermutung nahe, dass ein solcher Mann tatsächlich hilflos gewesen wäre ohne Frau.

Entdecken Sie also die Freuden der Hausarbeit! Machen Sie sich ein gemütliches Zuhause, in dem Sie auch Freunde gerne empfangen. Legen Sie dabei eine schöne Musik auf, bei der Sie gut mitpfeifen können! Finden Sie heraus, ob man wirklich so vieles von Ihrer Wäsche bügeln muss (auch aus Gründen des Energiesparens), oder ob man Ränder in Badewannen und WCs nicht auch mit Essig reinigen kann (aus Umweltgründen).

Gerade wenn Sie ein Büromensch sind, werden Sie feststellen: es kann ein ganz netter Ausgleich sein.

Und wenn Ihr Wohnungsputz Ihrer Partnerin „nicht gut genug" sein sollte: Stellen Sie sich dieser mühseligen Diskussion, die einen eigenen Stellenwert hat:

Denn wenn Frauen Karriere in der Erwerbstätigkeit machen wollen, müssen sie Männern auch eine gewisse Freiheit bei der Hausarbeit einräumen – wenn das Ideal der Gleichberechtigung auch in ihren eigenen vier Wänden durchgesetzt werden soll. Denn einen „weiblichen Standard für Sauberkeit" gibt es wohl nicht – es ist alles verhandelbar.

ENTWICKELN SIE EINE VERNÜNFTIGE EINKOMMENSPERSPEKTIVE!

So mancher Mann ist getrieben von einem Neid auf „die Reichen". Er will „auf jeden Fall mehr verdienen", damit er ein „sorgloses Leben" führen kann.

Wenn so ein Mann in einem kriminellen Milieu landet kann ein solcher Neid zu Raub oder Diebstahl führen. Und wir alle kennen wohl Beispiele für Staatsmänner in Asien oder Afrika, die offensichtlich in großem Reichtum leben, obwohl der Rest der Bevölkerung am Hungern ist: Solche Männer scheinen den Hals nicht voll genug zu bekommen – obwohl sie bereits das Zehntausendfache eines Normalsterblichen in diesem Land besitzen.

Zum Zeitpunkt als ich dieses Buch schreibe – im Jahr 2010 – ist die Wirtschaftskrise vom Herbst 2008 noch immer in aller Munde – und noch immer wird diskutiert, was einige Finanzjongleure zu dieser Krise beigetragen haben. Einige wenige unersättliche Männer haben so manche Familie um ihr Erspartes – im schlimmsten Fall um ihr Eigenheim gebracht.

Deshalb möchte ich in diesem Buch über eine friedliche Männlichkeit auch über das Geld sprechen:

„Wie viel brauche ich zum Leben?" ist eine wichtige Frage für jeden Mann, der nicht in die Situation des Neiders kommen will. Beziffern Sie es möglichst genau. Und blicken Sie auch ein wenig voraus:

Menschen, die eine Familie gründen wollen, müssen dafür vermutlich ein wenig mehr einplanen. Was jedoch erstaunlicherweise nicht so oft zur Sprache kommt ist, dass Väter von erwachsenen Kindern, die bereits das Elternhaus verlassen, nicht mehr so viel Geld pro Monat benötigen.

Um zu vermeiden, dass sie also ewig der nächst höheren Karrierestufe hinterherlaufen (aus finanziellen Gründen), obwohl Sie bereits genug Geld zur Verfügung haben, empfehle ich Ihnen also:

Schreiben Sie eine konkrete Zahl nieder. Und wenn diese ihrem derzeitigen Einkommen entspricht, entwickeln Sie eine Immunität dem „immer mehr“ gegenüber.

VERSCHAFFEN SIE SICH KLARHEIT ÜBER ANDERE RESSOURCEN, DIE SIE BENÖTIGEN!

So mancher gewalttätige Konflikt – und vor allem so mancher Krieg – ist aus dem Wunsch nach mehr Land entstanden. Und so manche Verzweiflungstat aus einer Verschuldung, die durch den Bau des eigenen „Traumhauses“ entstanden ist.

Und das Thema Wohnen ist auch ein Thema, das das Thema Ökologie betrifft: Die Zersiedelung der Landschaft durch immer neue Häuser und die Verkehrsbelastung durch immer mehr Menschen, die außerhalb der Stadt wohnen wollen und täglich ins Zentrum pendeln belasten die Umwelt.

Deshalb hier gleich nach der Frage nach dem „ausreichenden Einkommen“ die Frage nach Ihrem ganz persönlichen „ausreichenden Wohnraum“:

- Wie viele Quadratmeter brauchen Sie, um zufrieden Wohnen zu können – alleine oder mit Ihrer Partnerin?
- und wie viel zusätzlichen Wohnraum für jedes weitere Kind?
- ist Ihnen bewusst, dass Kinder wieder ausziehen von zu Hause?
- und haben Sie sich bereits überlegt, was Sie in Ihrer Pension tun wollen (wer viel reisen will benötigt keine große Wohnung).

Ein friedlicher Mann sollte eine Vorstellung von einer zufriedenstellenden Wohnungsgröße haben. Um sich nicht in einen destruktiven Berufsstress zu manövrieren, „weil das Geld für den Kredit ja wieder reinkommen muss".

TUN SIE EINMAL GAR NICHTS!

Vielleicht sehen auch Sie manchmal einen Mann – oft ein junger Mann – der unruhig auf einer Bank sitzt und deshalb mit einem Fuß wippt. Bei solchen Männern kann man eine innere Anspannung förmlich spüren. Und manchmal bleibt die besorgniserregende Frage, wo ein solcher Mann ein Ventil für diese innere Unruhe finden wird.

So mancher Mann ist innerlich unruhig, weil ihm die Aktivität als hohes Ziel der Männlichkeit vermittelt wurde. „Hart zu arbeiten" ist eine Botschaft, die oft unhinterfragt übernommen wird. Auch Männer, die sich einseitig an Stärke oder Sportlichkeit orientieren bauen teilweise eine innere Spannung auf.

Wenn Sie ein Mann sind, dem manchmal gesagt wird „Du arbeitest zu viel" oder einer, der subjektiv oft „unter Strom steht": Tun Sie einmal gar nichts.

Legen Sie sich auf eine Couch oder Ihr Bett und starren Sie in die Luft. Schalten Sie einen Gang zurück und kommen Sie zur Ruhe.

Auch diese Langsamkeit und Beschaulichkeit ist Bestandteil einer friedlichen Männlichkeit. Und sie verbrauchen keine Ressourcen dabei.

So mancher Mann hat die innere Ruhe durch Meditationstechniken perfektioniert. Auch das ist eine gute Strategie, in Konfliktsituationen ruhig zu bleiben.

Wenn Sie jedoch feststellen, dass die Ruhe ihnen Unbehagen bereitet – oder Sie sie nur mit Zigaretten, Alkohol oder Fernsehen ertragen können: Machen Sie sich mit professioneller Hilfe (Beratung, Psychotherapie) auf die Suche nach den Ursachen dafür.

LERNEN SIE DIE METHODE DER GEWALTFREIEN KOMMUNIKATION!

Es gibt ein wunderbares Buch von Marshall B. Rosenberg, einem amerikanischen Mediator und Trainer, das den Titel „Gewaltfreie Kommunikation“ trägt.

Rosenberg beschreibt darin eine Methode, wie man jeden Konflikt auf eine friedliche Art und Weise lösen kann, indem man – anstatt seiner Wut Ausdruck zu verleihen – sich auf die Bedürfnisse besinnt, die hinter dem Konflikt stehen. Und diese schließlich nicht als Forderung, sondern als Bitte formuliert.

Das Faszinierende an diesem Buch ist bei weitem nicht die Kommunikationsstrategie selbst, sondern die Methode, seine eigenen Bedürfnisse zu erkennen. Denn vielleicht kennen Sie – auch aus Ihrer Ehe oder Partnerschaft – das diffuse Gefühl, unzufrieden zu sein: Und wer dann zum Sticheln anfängt, was seine Partnerin alles nicht tut, vergisst manchmal was er selbst denn am liebsten hätte.

Ich empfehle Ihnen also aus ganzem Herzen die Lektüre dieses Buches – und vielleicht sogar ein Seminar zur Gewaltfreien Kommunikation. So etwas wird immer wieder in Volkshochschulen und anderen Seminarhäusern angeboten. Und die zertifizierten „GfK Trainer/innen“ haben oft auch eine eigene Homepage mit Seminarterminen.

BESUCHEN SIE EIN KOMMUNIKATIONS-SEMINAR ODDER EINE SELBSTERFAHRUNGS-GRUPPE!

Ich habe in meiner Tätigkeit als Leiter von Männergruppen so manchen Mann getroffen, der sich in seiner Partnerschaft seiner Frau „kommunikativ unterlegen“ fühlte und deshalb eine gewisse Wut und Frustration aufgebaut hatte.

„Sie kann besser über ihre Gefühle sprechen“ war oft die Kernaussage. „Und ich komme dann nicht mehr mit. Ich kann ihr nicht vermitteln, was in mir vorgeht“.

Wenn es Ihnen so geht – und wenn Sie bisher keine Männerrunde gefunden haben, in der Sie ausführlich und offen über Ihre Gefühle sprechen können, dann empfehle ich Ihnen die Teilnahme an einem Kommunikationsseminar oder – noch besser – einer Selbsterfahrungsgruppe.

In einem Kommunikationsseminar erfahren Sie, welcher Rede- und Zuhörertyp Sie sind und mit welchen Methoden und Übungen Sie in einem Gespräch ein besseres Verständnis herstellen können.

In einer Selbsterfahrungsgruppe hätten Sie ausführlich Zeit, in einem anderen Setting über sich zu sprechen und so das Sprechen über die eigenen Emotionen zu üben. Wenn Sie also bei der Suche nach einer Männerrunde / Männergruppe, die ich weiter oben empfohlen habe nicht erfolgreich waren: auch eine solche professionell angeleitete Gruppe ergibt Sinn!

Ich bin der Überzeugung, dass hinter so manche Gewalttat die Verzweiflung steckt, eine tiefe Sehnsucht nicht anders mitteilen zu können als durch Gewalt. Ein Gespräch mit jemandem dem man sein Herz ausschütten kann, könnte entlastend und befreiend sein – wenn „Mann“ gelernt hat, über seine Gefühle zu sprechen.

ENTWICKELN SIE EINEN KRITISCHEN BLICK AUF DAS THEMA PORNOGRAPHIE!

Wenn Sie bisher nichts mit Pornographie zu tun hatten, können Sie dieses Kapitel getrost überspringen.

Pornos haben durch den Boom des Internets in den letzten Jahren immer stärkere Verbreitung gefunden – und sind damit leider oft auch für Minderjährige verfügbar.

Wenn in Pornofilmen nur Sex gezeigt würde, der offensichtlich auf Zuneigung und auf dem Wunsch der gegenseitigen Befriedigung beruht, wäre die Sache vielleicht gar nicht der Rede wert.

Wer sich jedoch einen Überblick auf einschlägigen Seiten verschaffen will, auf denen „Mini-Filme“ zu Werbezwecken veröffentlicht werden, erkennt recht bald: Hier geht es immer öfter um Sex, der Frauen offensichtlich unangenehm ist – es geht oft um Erniedrigung und Missbrauch. Das Frauenbild, das hier vermittelt werden soll ist immer öfter jenes der „kleinen Schlampe“ oder „miesen Hure“ – eine Einstellung, die augenscheinlich die überlegene Stellung des Mannes untermauern soll.

Wenn Sie mit Pornos konfrontiert sind – und sei es nur über ihre jugendlichen Kinder, die sie neugierig angucken – sollten Sie einen kritischen Blick darauf entwickeln. Im besten Fall können Sie mit Ihrem Sohn auch kurz darüber reden.

Wenn Sie selbst dazu tendieren, oft Pornos anzusehen, bleiben Sie aufmerksam für sexuelle Phantasien, die Sie sich angewöhnen – und die Sie vor dem Pornokonsum noch nicht hatten.

Es wäre bedenklich, wenn sich Männer von Pornos systematisch unzufrieden machen lassen, weil sie Sehnsüchte entwickeln, die in der realen Welt nicht befriedigbar sind.

Ebenso könnte die Lust auf einen „perfekten" Frauentypus steigen, den es im wirklichen Leben nicht oft gibt – und der für Männer, die nicht attraktiv sind, meist nicht erreichbar sind.

So mancher Akt sexueller Gewalt könnte in der verzerrten Wahrnehmung „Sie hat mich so geil gemacht" begründet sein – die aus einer märchenhaften Porno-Dramaturgie abgeleitet wird.

Aber auch eine „Pornographisierung der Medien" kann beobachtet werden: Sex Appeal wird immer öfter spekulativ verwendet, um Aufmerksamkeit zu erregen – und die halbnackten Frauen sind dabei gegenüber den halbnackten Männern eindeutig in der Überzahl.

Selbst wenn die jungen hübschen Frauen, die dabei mitmachen („um Karriere zu machen") keinen bösen Willen haben, erkennen sie offensichtlich die eigene Botschaft nicht, die die Anerkennung der vielen Fähigkeiten von Frauen konterkariert: „Du brauchst nicht zu hören, ob ich als Frau etwas intelligentes zu sagen habe – schau mir ruhig auf den Busen – das zählt."

Falls Sie eine Tochter haben: reden Sie mit ihr darüber!

NEHMEN SIE KRITISCH ZUR GEWALT IN DEN MEDIEN STELLUNG!

Zum Zeitpunkt, als ich dieses Buch schreibe, läuft in den österreichischen TV Programmen mehrmals pro Woche zur Hauptabend Zeit „CSI“ (New York, Miami, ... gibt es noch andere Standorte?).

Und während ich mir ganz gerne deutsche Krimis wie „Den Alten“ oder „Die Zwei“ ansehe, habe ich den Eindruck, dass die amerikanischen Krimis immer brutaler werden. Es ist dort fast ein Muss, blutüberströmte Leichen ins Bild zu bringen – oder, in anderen Action Filmen, Kugeln in Zeitlupe durch menschliche Körper fliegen zu sehen.

Vielleicht sehen Sie das alles auch – und es fällt Ihnen gar nicht auf. Vielleicht habe ich unrecht mit der Tatsache, dass das Thema Kriminalität immer Allgegenwärtiger in unserem täglichen TV Programm wird.

Aber ich finde, Sie sollten die Sensibilität nicht dafür verlieren, wenn Sie einmal bereits Nachmittags um drei eine Schießerei sehen – wo vermutlich viele Kinder alleine vor den Bildschirmen sitzen. Oder amerikanische „Fantasy Serien“ über Ausflüge zu anderen Welten, bei denen die Protagonisten fast immer schwer bewaffnet sein müssen.

SEIEN SIE EIN AKTIVER VATER!

Wenn Sie eigene Kinder haben: Seien Sie ein aktiver Vater, der sich nicht in seinem Büro versteckt, um erst spät abends heimzukommen.

Besonders Jungs, die ihren Vater selten sehen, laufen Gefahr, sich ihre Vorbilder in Actionfilmen und Computerspielen zu suchen – die oft gewalttätig sind.

Aber ganz unabhängig davon: Es macht meistens Spaß, mit Kindern Zeit zu verbringen, speziell wenn man gemeinsam raus in die Natur gehen kann.

Und viele Männer, die zu wenig Zeit mit ihren Kindern verbringen konnten bedauern es danach oft, die wichtigsten Entwicklungsschritte ihrer kleinen nicht mitbekommen zu haben.

Wenn in Ihrer Firma eine „japanische" Kultur des „Lange Sitzenbleiben Müssens" herrscht, sprechen Sie das bei der Firmenleitung an – vielleicht sogar gemeinsam mit einem anderen Vater, der darunter leidet. Möglicherweise erhalten Sie Hilfe dabei auch Unterstützung vom Betriebsrat oder der Gewerkschaft, die sich ja für Ihre Arbeitszeiten einsetzen muss.

Nehmen Sie Väterkarenz, wenn das irgend möglich ist. Die Erfahrung, ein zerbrechliches kleines Leben zu schützen und zu pflegen ist vielleicht die wichtigste Erfahrung, die einen

Mann zum Friedensstifter machen kann: denn oft erkennt er erst dann, wie verrückt es ist, ein solch wertvolles Menschenleben in einem Krieg aufs Spiel zu setzen.

Ich vermute dass das nur jene Feldherren können, die selbst noch nie für ein kleines Kind verantwortlich waren.

Und jeder Mann, der Väterkarenz-Regelungen wahrnimmt, ist ein Botschafter an andere Männer, die sich vielleicht lieber vor ihrer Verantwortung drücken wollen.

Ich kann also nur ermutigend sagen: „Tun Sie es!“

VERFOLGEN SIE MIT, WELCHE COMPUTERSPIELE IHR SOHN SPIELT – UND REDEN SIE MIT IHM DARÜBER

Wahrscheinlich kennen Sie die Diskussion um „Killerspiele" und „Ego-Shooter", die vor allem dann auftaucht, wenn ein Amoklauf zu zahlreichen Todesfällen an einer Schule geführt hat.

Die Befürworter dieser Spiele sind hier meist in der Überzahl – mit dem Argument, dass „es nicht bewiesen sei, dass spielerische Gewalt zu realer Gewalt führt".

Aber ich frage mich, ob hier über die richtigen Aspekte diskutiert wird. Ist es nicht diskussionswürdiger, warum so viele Jungs (und dieser geschlechtsspezifische Aspekt wird ja oft übergangen) so viel Zeit mit dem Einüben einer kriminellen Handlung verbringen?

Warum finden es junge Männer offensichtlich erträglich, blutüberströmte Menschen vor sich liegen zu sehen und auf realistische weitere Menschen zu zielen, um diese zu töten?

Es gibt bereits Studien aus den USA die beweisen, dass exzessive Computerspieler desensibilisiert sind gegenüber realer Gewalt: Sie erkennen nicht mehr – zum Beispiel wenn Sie Schreie aus einem Nebenzimmer hören – ob hier reale Gewalt passiert – und ob es nicht dringend wäre, einzugreifen.

Mein Wunsch an jeden Vater eines Sohnes: Beobachten Sie, was Ihr Sohn spielt. Sehen Sie sich diese Spiele wirklich genau an – und überdenken sie, was das stundenlange Spielen mit Ihrem Sohn machen könnte.

Scheuen Sie die kritische Diskussion und das Verbot nicht – auch wenn „alle anderen in der Klasse das spielen". Aber bieten Sie Ihrem Sohn, soweit möglich, auch andere Abenteuer an: Machen Sie eine Bootstour mit ihm , eine Radtour, oder ein Camping-Wochenende.

Oft steckt hinter der „virtuellen Schießwut" der Jungs einfach die Sehnsucht nach ein wenig Abenteuer – das früher, als die Städte noch nicht so stark zubetoniert waren, noch leichte zu finden war.

REDEN SIE MIT IHRER TOCHTER ÜBER SEXUELLE GEWALT UND WAS SIE DAGEGEN TUN KANN!

Falls Sie eine Tochter haben, sollten Sie mit ihr darüber sprechen, was sie tun kann, um sich nicht in eine Situation zu bringen, in der die Gefahr (sexueller) Gewalt besteht.

Mögliche Themen sind dabei

- ob sie nicht einen Selbstverteidigungskurs machen sollte
- wie sie spät abends sicher nach Hause gelangt
- das Thema K.O. Tropfen
- und einiges mehr.

Mich erstaunt es, dass es beim Thema Kleidung so wenigen Mädchen vermittelt wird, mit welcher Kleidung sie was bei Jungs (und Männern) auslösen. Viele Mädchen gehen offensichtlich ziemlich unbefangen mit aufreizender Mode um, womit ich absolut nicht sage dass Miniröcke ein Freibrief für Belästigungen oder gar Vergewaltigung sein können.

Aber jedes Mädchen sollte erfahren, mit welcher Kleidung es Jungs und erwachsene Männer sexuell erregt, um einschätzen zu können, in welcher Situation sie eine solche Kleidung tragen möchte – und in welcher besser nicht.

ENGAGIEREN SIE SICH IN DER SCHULE IHRES KINDES!

Wenn Sie ein Kind im schulpflichtigen Alter haben, werden Sie vermutlich auch zu diversen Elternabenden eingeladen.

Ich weiß aus eigener Erfahrung, dass diese manchmal mühsam und ein wenig bürokratisch sind – Sie haben dort jedoch auch die Chance, eigene Ideen und Vorschläge an die Schulleitung einzubringen.

Und wenn Sie sich um das Thema Gewalt sorgen, dann können Sie in dieser Schule ein Projekt zur Schulmediation oder Peer Mediation anregen:

Hier lernen Schüler(innen), wie man professionell Konflikte friedlich durch Gespräche löst – so wie es im Erwachsenenleben etwa Scheidungsmediatoren tun.

Mehr über die Themen Schülermediation / Peer Mediation und wer dazu Trainings anbietet finden Sie sicher im Internet.

Vermutlich gibt es auch andere Schul-Workshopanbieter zum Thema Gewaltprävention. Der Verein White Ribbon hat ein Education Kit mit dem Titel „Stark, aber wie?“ entwickelt, das als kostenloser Download auf www.whiteribbon.at erhältlich ist.

WERDEN SIE PATE FÜR EINEN JUNGEN!

Ich hatte in Wien eine Zeit lang Kontakt mit einer Jugendeinrichtung, die Paten für Jugendliche vermittelte, deren Eltern offensichtlich zu wenig Zeit für sie hatten.

Falls es in Ihrer Stadt ähnliches gibt, möchte ich Sie ermutigen, dort ihre Hilfe anzubieten.

Mit ein wenig Glück können Sie so einen Jungen, der gefährdet ist, „auf der Straße“ in einem unguten Milieu zu landen, ermutigen, neue Wege zu gehen: ein neues Hobby zu suchen, eine Lehrstelle, oder die Schule zu schaffen, indem sie mit ihm lernen.

Auch so kann man einen Beitrag zur Vermeidung von Jugendgewalt leisten.

WERDEN SIE MENTOR IN EINEM FRAUEN- ODER MÄDCHENFÖRDERUNGSPROGRAMM!

Wenn Sie sich mit der Wichtigkeit des Themas Gleichberechtigung anfreunden konnten, dann können Sie Frauen konkret bei ihrem Berufseinstieg oder –aufstieg helfen, in dem Sie sich bei Mentoringprogrammen für Frauen beteiligen.

In vielen Städten suchen Frauenberatungsstellen oder –schulungsinstitute Praktikumsmöglichkeiten für (Wieder)einsteigerinnen und tun sich oft schwer damit.

Wenn Sie in Ihrem Beruf Kapazitäten frei haben, kontaktieren Sie solche Frauenförderungsinitiativen (ziemlich sicher werden sie welche finden, die Frauen und Mädchen ermutigen, in technische Berufe einzusteigen) und bieten Sie Unterstützung an.

Vielleicht geht es auch darum, dass Schülerinnen an einem „Töchtertag" einen Betrieb kennenlernen können, in dem technische oder handwerkliche Berufe ausgeübt werden. Machen Sie mit! Sie leisten damit den Beitrag zu einer egalitären Gesellschaft – in der Gewalt keinen fruchtbaren Boden finden wird.

MACHEN SIE EIN SABBATICAL!

Eine friedliche und zufriedene Männlichkeit zu leben, heißt auch, auf seine Energien zu achten. Wer aufgrund von zu viel Arbeit ein Burn Out hat, ist auch gefährdet, bei einem Konflikt auszurasten.

Wenn Sie sich also oft überlastet fühlen – und in Ihrer Firma die Möglichkeit für die Unterbrechung Ihres Berufslebens besteht: für mehrere Monate oder sogar ein Jahr – so wäre das eine sinnvolle Strategie, um eine psychische Stabilität wieder herzustellen.

Wahrscheinlich tun sie damit auch Ihrer allgemeinen Gesundheit und Ihrer Partnerschaft einen Gefallen. Und im besten Fall lernen Sie durch Reisen neue Länder kennen – und gewinnen dadurch einen neuen Blick auf ihre eigene, mitteleuropäische männliche Lebensphilosophie.

ARBEITEN SIE TEILZEIT!

Jeder Mann, der nur in Teilzeit arbeitet trägt zukunftsträchtige Botschaften an andere Männer weiter:

- Männer müssen nicht nur für den Beruf leben
- Männer wollen sich auch um ihre Familien kümmern
- Männer haben eine Reihe von Hobbys, die ihnen auch wichtig sind
- viel zu Arbeiten tut der Gesundheit manchmal nicht gut
- Männer wollen sich nebenberuflich weiterbilden (Studium, Abendschule)
- Männer wollen einfach mehr vom Leben: öfter im Schwimmbad liegen – öfter im Kaffeehaus sitzen ...

All das sind erfrischende Gegenpole zu einer verbissenen Männlichkeit, die sich einseitig am Karrieredenken orientiert und gerade deshalb Frustrationen aufbauen kann.

Wenn Sie es sich also leisten können (etwa nachdem Ihre Kinder erwachsen geworden sind – oder weil Ihre Partnerin auch verdient): genießen Sie die Freuden der Teilzeit. Ich spreche aus eigener Erfahrung.

TRAGEN SIE DEN WHITE RIBBON GEGEN GEWALT AN FRAUEN!

Hier ein wenig Werbung in eigener Sache. Ich habe ja vor rund zehn Jahren den Verein White Ribbon Österreich mitgegründet – Ableger einer internationalen Bewegung von Männern, die sich gegen Gewalt an Frauen aussprechen.

Ich würde mich freuen, wenn Sie mehr über diese Bewegung auf www.whiteribbon.at lesen – über die internationalen Aktivitäten lesen Sie mehr (in englischer Sprache) auf www.whiteribbon.com .

Wenn Ihnen die Idee dieser Kampagne gefällt, können Sie ja einen Ribbon bestellen – und ihn speziell Ende November, anlässlich der internationalen Wochen gegen Gewalt an Frauen tragen.

ENGAGIEREN SIE SICH EHRENAMTLICH!

Wenn ein Mann neben Beruf und Familie noch über freie Zeit verfügen, fände ich es wichtig, sich ehrenamtlich zu engagieren.

Warum erwähne ich das in einem Buch über eine friedliche Männlichkeit? Ich glaube das Gegenteil einer aggressiven Männlichkeit ist nicht eine teilnahmslose – sondern eine mitfühlende Männlichkeit.

Und Mitgefühl kann man sehr gut in gemeinnützigen Tätigkeiten zeigen.

Sie gelangen damit nicht nur in eine Gemeinschaft, in der vermutlich auch andere Männer Frieden selbstverständlich leben (womit Sie Gesinnungsgenossen finden), Sie haben damit auch Vorbildwirkung für andere – besonders Jugendliche - die vielleicht bei anderen Männern (oder aus dem Fernsehen) eher das gemeinschaftliche Biertrinken nach Dienstschluss kennenlernen.

SCHÄRFEN SIE IHREN BLICK FÜR SEXISMUS!

Die Diskussion über Sexismus – also die Benachteiligung von Menschen aufgrund ihres Geschlechts – scheint im Vergleich zu den Achtziger Jahren ein wenig an Aktualität verloren zu haben.

Tatsache ist jedoch, dass es noch immer sexistische Werbung gibt: Überall dort, wo ein Produkt, das nichts mit einer Frau zu tun hat, neben einer aufreizenden Frau dargestellt wird, sollten sich eigentlich nicht nur Frauen mit kritischem Blick ärgern:

Denn was sagt denn eine solche Werbung über die Intelligenz von uns Männern aus? Werden wir damit nicht für so blöd wie pavlowsche Hunde gehalten: „Nackte Frauenhaut = Mann wird das das Produkt schon kaufen!“?

Sexismus zementiert jedoch die Ungleichheit der Geschlechter – und wer als Mann in einer friedlichen und gerechten Gesellschaft leben will, kann Sexismus nicht akzeptieren.

Auch hier gibt es das ganze Instrumentarium an Protest-Mitteln, das jedem Konsumenten zur Verfügung steht: Beschwerdebriefe, -faxe, Emails. Beschwerden bei Medienkommissionen, Wirtschaftsverbänden usw.

DISKUTIEREN SIE ÜBER MIGRANTISCHE MÄNNLICHKEITEN!

Es ist ein heikles Thema, aber man muss es trotzdem ansprechen: Es gibt Länder, in denen Männlichkeitsideale vorherrschen, die die Ausübung von Gewalt stärker befürworten oder sogar legitimieren. Teilweise ist dort die Gewalt gegen Frauen akzeptiert, teilweise gibt es generelle „kriegerische" Männlichkeitsideale.

Wir mitteleuropäischen Männer sollten – wenn sich die Gelegenheit dazu bietet – das Gespräch mit Männern suchen, die aus solchen Ländern zu uns kommen, um ihnen unsere Kultur der friedlichen Konfliktlösung zu erklären – in der auch (wie die Migranten selbst sehen) der Wohlstand der mitteleuropäischen Länder begründet ist, der sich in ja nur in einer friedlichen Umgebung bilden konnte.

Mir kommt vor es herrscht in der derzeitigen „Migrationsdiskussion" oder „Integrationsdiskussion" noch immer eine gewisse Sprachlosigkeit zwischen den Migranten selbst und der ansässigen Bevölkerung.

Wenn Sie die Möglichkeit haben, ein „interkulturelles Männerforum" ins Leben zu rufen – vielleicht weil Sie in der Erwachsenenbildung oder in der Migrationspolitik tätig sind – dann wäre das sicher eine gute Idee, in der sich auch

Unterschiede in der Männlichkeitskultur der verschiedenen Länder klären ließen.

KLAPPENTEXT

„Was kann der Einzelne gegen Gewalt tun?" wird immer wieder gefragt – und eine Reihe von Organisationen wurden bereits zu dem Thema gegründet, die Methoden zur Gewaltprävention entwickelt haben.

Die Initiative MEN4PEACE widmet sich den Zusammenhängen zwischen manchen Männlichkeitsidealen und Gewalt und will jeden Mann ermutigen, sich für eine friedliche Männlichkeit einzusetzen: unter seinen Freunden, in seiner Familie, im Beruf und in der Gesellschaft allgemein.

Auch die Friedensforschung und Teile der Friedensbewegung sind durch dieses Buch auf die Wichtigkeit des Gender-Fokus für ihre Thematik aufmerksam geworden.

HOMEPAGE www.men4peace.org

www.ingramcontent.com/pod-product-compliance
Ingram Content Group UK Ltd.
Pitfield, Milton Keynes, MK11 3LW, UK
UKHW041916190726
13854UKWH00003B/1274

9 781445 283753